Mark Sarg

„Defigurieren Sie sich!“

Mark Sarg

„Defigurieren Sie sich!“

Bizarre Kurzgeschichten

Goldene Rakete Verlag für Belletristik

Imprint
Any brand names and product names mentioned in this book are subject to trademark, brand or patent protection and are trademarks or registered trademarks of their respective holders. The use of brand names, product names, common names, trade names, product descriptions etc. even without a particular marking in this work is in no way to be construed to mean that such names may be regarded as unrestricted in respect of trademark and brand protection legislation and could thus be used by anyone.

Cover image: www.ingimage.com

Publisher:
Goldene Rakete Verlag für Belletristik
is a trademark of
Dodo Books Indian Ocean Ltd., member of the OmniScriptum S.R.L Publishing group
str. A.Russo 15, of. 61, Chisinau-2068, Republic of Moldova Europe
Printed at: see last page
ISBN: 978-620-0-52025-8

INHALTSVERZEICHNIS

„DEFORMIEREN SIE MICH NICHT!“

„Deformieren Sie mich weder ***am*** noch ***im*** Kopfe!“, ermahnte Geheimrat Guidello Wanderknecht seinen Friseur Romolus Brusthecht, als er ihm eine missliebige Tageszeitung vorlegte.

Er bat vielmals um Vergebung – und kämmte ihm seine grünen Dauerwellen zur Versöhnung ganz ***besonders*** hübsch.

„DEFORMIEREN SIE MICH!“

„Deformieren Sie mich, Madame!“

Wie jeden Morgen schnürte Gattin Julie Monsieur Rameau Fluchtgans je ein Polster um Bauch, Rücken und Po, ehe er in seinen Anzug schlüpfte.

Nun erst fühlte er sich wohlgerüstet, das Haus zu verlassen.

Aufgrund der permanenten Medienberichterstattung hatte er nämlich panische Angst, ***begrapscht*** zu werden!

„DEFORMIEREN SIE SICH NICHT!“

„Deformieren Sie sich nicht geistig, indem Sie derartige ***Schund***lektüre lesen!“

Offenbar war es aber leider bereits zu spät. Denn Signor Toledo Wasserschlumpf ***verschlang*** geradezu mit dem größten Genusse sämtliche verfügbaren Parteiprogramme – sodass Signora Romilda mit dem Wegwerfen gar nicht nachkam.

„DEFORMIEREN SIE SICH!“

„***Deformieren*** Sie sich zu allererst einmal, wenn Sie zur satten Mehrheit gehören wollen – dann sehen wir weiter!“

Soweit die seltsame Diagnose von Docteur Honneur Schlangenfass – dessen Patientin Demoiselle Lucille Schmalzbirn über Einsamkeit klagte und unbedingt der „Mehrheit“ zugehören wollte.

Sie fraß sich also schleunigst einen stattlichen Bauch an – worauf sich ihre wenigen verbliebenen Freunde ***auch*** noch mit Schaudern von ihr abwandten.

Bei solchen „Seelendoktoren“ nimmt es wahrlich nicht wunder, dass es immer ***mehr*** Leidende gibt.

„VERMUMMEN SIE MICH!“

„Vermummen Sie mich bitte, ich will unter keinen Umständen erkannt werden. Ich werde nämlich von der Vorsehung gesucht!“, bestürmte händeringend Justizrat Laurentino Nebelbauch einen Polizisten auf der Straße.

Der ihn natürlich postwendend auf der Psychiatrie ablieferte.

Wie sich später herausstellte, war er jedoch tatsächlich gesucht worden.

Allerdings von Gattin Schwarzhilde.

„VERMUMMEN SIE MICH NICHT!“

„Vermummen Sie mich nicht wieder!“, begehrte Monsieur Rodrigue Blumenrauch vor dem Weggehen auf.

„Wie der Herr wünschen – dann bleibt Er eben zu Hause. ***Ich*** werde mich jedenfalls ***nicht*** nochmals schief ansehen lassen Ihretwegen!“

Und Madame Justine ging ***alleine*** einkaufen.

„VERMUMMEN SIE SICH!“

„Vermummen Sie sich am besten, wenn Sie in meine Sprechstunde kommen, damit Sie Ihrem Ruf nicht schaden!“

Wegen seines fürsorglichen Tipps an alle Besucher verdient der fragwürdige Staatsmann Larisso Mastzwirn zumindest eine teilweise, ***posthume*** Ehrenrettung.

Bliebe bloß die Frage, weshalb er sich bei so viel Einsicht nicht schon zu Lebzeiten ***selber*** rehabilitiert hat.

„VERMUMMEN SIE SICH NICHT!“

„Vermummen Sie sich nicht übertrieben, wenn Sie zur Wahlurne schreiten, sonst ist Ihre Stimme ***garantiert*** nicht mehr geheim. Dann weiß jeder sofort, ***wen*** Sie gewählt haben!“

Auch dieser Aufruf des Kandidaten Grieskuss Feuchthirn an seine Anhängerschaft lässt auf eine gewisse – freilich höchst einseitige – ***Erkenntnis*** schließen …

„VERKOSTEN SIE MICH!“

„Sie brauchen keineswegs die Katze im Sack zu kaufen. ***Verkosten*** Sie mich vorher – dann wissen Sie sofort, woran Sie sind!“

Im wahrlich reichhaltigen Repertoire der Manöver zur Wählerstimmen-maximierung war dem überaus smarten Sir Yellowhead Rebensack endlich einmal etwas völlig Neues eingefallen.

Er ließ sich von jedem Interessierten an allen beliebigen Körperpartien ***ablecken*** – um sich ganz ***persönlich*** von seinen Qualitäten überzeugen zu können.

Und da der Gute den meisten offenbar ausnehmend ***trefflich*** mundete, gewann er auch haushoch die Wahlen!

Weitaus besser, ***sein*** Beispiel machte Schule – als die ewig gleiche, penetrante Leier der sattsam ***bekannten*** Populisten ...

„VERKOSTEN SIE MICH NICHT!"

„Verkosten Sie mich nicht – ich habe leider ***Gicht***!"

„Aber das ***schmeckt*** man nicht!", tröstete Vicomte Patritius Dudelfrack seine angebetete Gräfin Celinda Regenpopsch nach einem Kuss – und heiratete sie trotzdem.

Er selber litt übrigens an einem Blasenleiden – das man vermutlich ebenfalls nicht schmeckte.

„VERKOSTEN SIE SICH!“

„Verkosten Sie sich doch selbst, dann werden Sie rasch feststellen, dass Sie absolut ***ungenießbar*** sind!“

Monsieur Hugues Landfrucht glaubte Madame Philomèle auch so – und willigte widerstrebend in die Scheidung ein.

Noch geraume Zeit später plagten ihn allerdings Zweifel, ***wie*** sie dies wohl herausgefunden haben mochte.

Denn er konnte sich beim besten Willen nicht entsinnen, von ihr je verkostet worden zu sein …

„VERKOSTEN SIE SICH NICHT!“

„Verkosten Sie sich nicht ständig“, mahnte Justizrätin Omlettina Windkropf den sich eifrig leckenden Schäferhund Ricco, „sonst werde ich ***neidisch***!“

Erst als er sie endlich ***miteinbezog***, war sie wieder vollauf zufrieden.

DIE LEICHE AUF ABWEGEN

Eine Leiche kam immer wieder vom rechten Weg ab, nämlich dem, der zum Friedhof führt.

Stattdessen versuchte sie krampfhaft und mit allen Mitteln, ins ***Parlament*** zu gelangen – und, man lese und staune, war damit ***erfolgreich***.

Doch anstatt sich nun ***dort*** endlich beisetzen zu lassen, stieg sie zu weiteren Ehren auf – und wurde ***Präsidentin*** des Hauses, und später gar des ganzen Landes.

Was aber am ***erschreckendsten*** dabei ist: Sie ist beileibe ***kein*** Einzelfall!

DAS LABILE ROTZMENSCH

Demoiselle Romaine Gschwindlaus war ständig hin- und hergerissen zwischen braver, wohlerzogener Tochter und typischem ***Rotzmensch***[1].

Die Eltern, Chapeau und Yvette, machten es ihr aber auch wirklich allzu schwer. Denn sooft sie ihr einen Wunsch abschlugen, ***zwangen*** sie sie ja geradezu, in den unerwünschten Zustand zu verfallen – was dann selbstredend die ***nächste*** Ablehnung nach sich zog und so zu einem unaufhörlichen Kreislauf führte.

Was sie schließlich zu dem fürwahr ***korrekten*** Schlusse brachte:

„***Ohne*** Eltern gäbe es auch keine ***Rotzmenscher***!“

---

[1] Ungezogenes Mädchen, Göre

DAS STABILE ROTZMENSCH

Miss Myrtle Breitschuster fühlte sich ausgesprochen ***stabil*** in ihrem Rotzmensch-Status.

„Aus mir wird garantiert ***keine*** Bürgerliche – die ja ohnehin oft die ***größten*** Rotzmenscher sind!“, bekräftigte sie stets aufs Neue im Brustton der Überzeugung.

Muss man wirklich noch hinzufügen, dass sie die ***Bürgerlichste von allen*** wurde?

DAS VERSPIELTE ROTZMENSCH

Ein Rotzmensch spielte Tag und Nacht mit seinesgleichen.

Erwähnenswert scheint dabei lediglich, dass alle Akteurinnen durchweg bereits ***Greisinnen*** waren – die offenbar den „Anschluss" in ihrer Entwicklung verpasst hatten …

DAS LIEBESTOLLE ROTZMENSCH

Fräulein Bärbel Hintergfrast hatte sich so rasend in ihren jungen Lehrer Mauro Edelsock verliebt, dass sie sich im Taumel der Gefühle sogar entschloss, ihren Rotzmensch-Status aufzugeben, um etwas tugendhafter zu erscheinen.

Als sie jedoch realisieren musste, dass er in keiner Weise interessiert an ihr war, nannte sie ihn einen „erbärmlichen Rotzmenschen“, schickte ihn zum Teufel und ergänzte noch, dass er wirklich ***froh*** sein könne, dass sie selber ***kein*** Rotzmensch mehr sei, da sie ihm sonst seinen Hochmut schon austreiben würde.

Und nachdem sie sich noch rasch entblößt und ihm die Zunge herausgestreckt hatte, verließ sie hoch erhobenen Hauptes die Klasse.

„DEFLORIEREN SIE MICH!“

„Deflorieren Sie mich“, bat Mrs. Sheila Kirchenfunk noch auf dem Sterbebett, „ehe es endgültig zu spät ist!“

Gatte Winchester fiel aus allen Wolken. War er doch der Meinung gewesen, dies bereits vor mehr als 50 Jahren getan zu haben!

„DEFLORIEREN SIE MICH NICHT!“

„Deflorieren Sie mich nicht! Deflorieren Sie mich nicht!“, stammelte Monsieur Blaise Gichtleich im Halbschlaf.

„***Was*** faseln Sie da?!“ Madame Blanchette weckte ihn ganz auf.

„Habe eben im Traume erlebt, wie Sie mir die Jungfräulichkeit zu rauben versuchten!“, berichtete er immer noch völlig schockiert.

„Haben Sie den ***Verstand*** verloren? ***Niemals*** würde ich mir Derartiges herauszunehmen wagen! So wie ich es mir auch von ***Ihnen*** absolut verbitten würde!!“

Worauf er in jeder Hinsicht beruhigt weiterschlief.

„DEFLORIEREN SIE SICH!“

„Deflorieren Sie sich tunlichst schon, ***bevor*** Sie die Welt betreten. Dies erspart Ihnen mit Sicherheit gar manche Enttäuschung und Ungemach!“

Wer hätte wohl dem weisen Sprecher aus anderen Sphären etwas ***entgegen***zusetzen?

„DEFLORIEREN SIE SICH NICHT!"

Deflorieren Sie sich nicht selber, sondern lassen Sie dies – wenn es schon unbedingt sein muss – durch ***geweihte*** Hände, also den Pfarrer erledigen!", las Fräulein Trude Bischikotti in einem katholischen Ratgeber.

„Ach wie umständlich!", seufzte sie. „Da bräuchte ich dann ja sogar ***zwei*** Geistliche – einen für den sündigen Eingriff und einen weiteren zur ***Beichte*** hinterher. Ich kann doch wohl schwerlich beides beim ***selben*** abwickeln!", erwog sie.

Und wechselte lieber die Religion.

„VERLOCKEN SIE MICH!“

„Verlocken Sie mich, dann folge ich Ihnen gerne!“

Durchaus gewohnt, selbst ausgefallenste Wünsche seiner Kandidaten zu erfüllen, um unnötigen Widerstand zu vermeiden, war der Tod auch Lady Dolly Wattestrumpf gegenüber keinesfalls um eine Lösung verlegen.

Er wandte ihr einfach seine knackige Kehrseite zu – und schon ***schmolz*** sie nur so dahin …

„VERLOCKEN SIE MICH NICHT!“

„Verlocken Sie mich nicht, junger Mann!“, rief Marquise Rubinia Blutgerüst dem attraktiven Poeten Romolo Lusthecht mit strenger Stimme auf der Straße zu.

Und als er sich ungläubig-fragend umwandte, ergänzte sie:

„Gehen Sie gefälligst nicht ***vor***, sondern ***hinter*** mir!“

„VERLOCKEN SIE SICH!“

„***Verlocken*** Sie sich nur, mich zu heiraten!“, ermunterte Madame Florette Zuchtgans Monsieur Clovis Zuckerhans.

Da er nicht genau wusste, ***wie*** er dies anstellen solle – ließ er sich zunächst einmal von Gattin Clémence ***scheiden*** …

„VERLOCKEN SIE SICH NICHT!“

„Verlocken Sie sich nicht, indem Sie immer wieder anderen Hunden nachgaffen!“

Kein Wunder, dass Mrs. Thelma Hutknecht eifersüchtig war.

Hatte sie doch Mr. Marley bei der lange zurückliegenden Trauung geschworen, ihm treu „wie eine ***Hündin***“ sein zu wollen!

MELUSINE UND IHRE COUSINE

Feldmarschallin Melusine
und ihre Cousine Tahine
holten in ihrer Limousine
die allerneueste Terrine
von Starköchin Nadine.

Und speisten sie mit Apfelsine –
und ausgesprochen ***saurer*** Miene!

„VERDERBEN SIE MICH!“

„Verderben Sie mich!“, bettelte Señor Curillo Stacheldraht zu Señora Gorgonia, da ihm sein Eheleben allzu ***bieder*** geworden war.

Selber schon viel ***länger*** seiner überdrüssig, erfüllte sie ihm sehr gern den Wunsch – und warf ihn in die Senkgrube.

„VERDERBEN SIE MICH NICHT!“

„Verderben Sie mich nicht!“, empörte sich Lady June Waterpump, als ihr Lord Harper Muskelschwund einen formellen Heiratsantrag unterbreitete.

Da zog er ihn schleunigst zurück – und sie gingen auch ***so*** ins Bett.

„VERDERBEN SIE SICH!“

„Verderben Sie sich – desto rascher kommen Sie in den Himmel!“

Oberst Toledo Wanderlump folgte dem Geheimtipp eines Samariters – und fraß eifrigst giftige Pilze.

Musste sich aber zu seinem Leidwesen noch eine geraume Weile gedulden.

Denn drüben angelangt, steckte man ihn erst mal zur gründlichen Läuterung und Regeneration in ein ***Geistessanatorium***.

„VERDERBEN SIE SICH NICHT!"

„Verderben Sie sich nicht Ihr Geschäft!", mahnte Luzifer Papst Eisbett X. bei einer seiner regelmäßigen Visiten, „Wenn Sie ***zu*** barmherzig und gütig erscheinen, vermissen die Gläubigen die ***starke Hand***, die sie für ihre religiöse Erziehung doch so ***unabdingbar*** benötigen!"

Wie fast immer musste ihm der Heilige Vater natürlich recht geben – und ließ gleich am nächsten Morgen einige ***zusätzliche*** Hexen verbrennen, damit alles wieder seine Ordnung hätte.

„DIFFAMIEREN SIE MICH!“

„Diffamieren Sie mich doch bitte!“, ersuchte der undurchsichtige Sir Glenn Silbersack den Geschäftemacher Mr. Rohan Mogelpack.

Stets offen für Spezialaufträge, handelte der sogleich ein faires Honorar aus – und behauptete anschließend in der Öffentlichkeit, jener hätte ihm seine Ehefrau weggeschnappt.

Da er aber gar nicht verheiratet ***war***, wurde er wegen Falschaussage zu einer viel ***höheren*** Summe verurteilt, als er erhalten hatte.

Bedarf es wirklich der Ergänzung, dass man sich eben ***niemals*** auf derlei windige Geschäfte einlässt?

„DIFFAMIEREN SIE MICH NICHT!“

„Diffamieren Sie mich nicht immer!“, verbat sich Monsieur Isidore Nudelbirn, dessen Gattin Penélope ihn leidenschaftlich gern vor ihren Freundinnen als ***Tollpatsch*** hinstellte, der nicht einmal ein Wasserglas ohne Malheur abwaschen konnte.

Und obwohl dies alles nur zum ***Teil*** zutraf, hatte sein Einspruch stets nur ihr mitleidiges Lächeln zur Folge – allenfalls garniert mit der Aufforderung, doch nicht so ***kleinlich*** zu sein.

„Besser ***diffamiert*** als ***allein*** sein!“, tröstete er sich jedes Mal.

Und erstaunlicherweise denken gar nicht ***wenige*** so …

„DIFFAMIEREN SIE SICH!“

„Diffamieren, verleugnen und verleumden Sie sich und andere, und geben Sie sich die allergrößte Mühe hierbei. Dann sind Sie wahrhaft ein ***guter*** Christ und gelangen auch sicher in den Himmel!“

Bischof Wilberto Schmormaul musste es wissen, denn er war ein guter, sprich ***typischer*** Christ gewesen – gelangte am Ende aber ***mitnichten*** an seinen Wunsch-, sondern genau an den „***Kontrast***“-Ort.

Und mittlerweile ist er natürlich ***gar*** kein Christ mehr – weil in jeder Hinsicht ***geläutert***.

Dessen ungeachtet schämt er sich manchmal immer noch ein wenig für seine damaligen Ergüsse …

„DIFFAMIEREN SIE SICH NICHT!“

„Diffamieren Sie sich nicht fortwährend ganz unnötigerweise, indem Sie stolz herumerzählen, dass Sie ***jeden Tag*** zur Beichte laufen. Man könnte Sie ja für ***besonders*** sündhaft halten deswegen!“

Auf die Idee von Gemahlin Flaminga wäre der Bibliothekar Justus Wasserfranz zwar im Leben nicht gekommen – vermochte ihr aber schließlich doch einiges abzugewinnen und verschwieg daher künftig lieber die Häufigkeit seiner Kirchenbesuche.

Die indes natürlich um nichts ***weniger*** wurden – hatte er sich doch glatt in Kaplan Rüdiger Sonnenmolch verguckt!

„DEMOTIVIEREN SIE MICH!“

„Demotivieren Sie mich schleunigst, Ihnen eine zu knallen – ehe es zu spät ist!“

Damit hatte freilich Madame Odette Nacktstrumpf – wohl eher unbeabsichtigt – Monsieur Parfait geradezu ***motiviert***, zur ***Gänze*** in seine neue Liaison mit Demoiselle Alida Freisumpf zu flüchten – die er ihr eben gebeichtet hatte.

„DEMOTIVIEREN SIE MICH NICHT!"

„Demotivieren Sie mich nicht schon wieder, einige Gläschen ***über*** den Durst zu trinken – da ich Ihre Herrlichkeit doch ***nur*** im Rausche ertragen kann!"

Wiewohl obiger Austausch ganz gewiss auch unter liebevollen Ehepartnern stattfinden mag – ist dies im Gegenständlichen absolut ***nicht*** der Fall.

Wo niemand Geringerer als Seine Heiligkeit Papst Strudelhaupt der Unerschöpfliche die Worte an den ***Schöpfer*** richtete!

Den ***Dialog*** allerdings eher mit sich ***selber*** führte …

„DEMOTIVIEREN SIE SICH!“

„Demotivieren Sie sich hinsichtlich all Ihrer Laster, dies hilft Ihnen sicherlich!“

„Wie ***recht*** er doch hat!“, dachte seine Gattin Tiziana über den renommierten Psychologen Dr. Saladin Windjoch.

Und reichte als allererste Maßnahme gleich einmal die Scheidung ein.

„DEMOTIVIEREN SIE SICH NICHT!“

„***Demotivieren*** Sie sich keinesfalls, mir ***erneut*** Ihre Stimme zu geben – denn dies wäre ***verheerend*** für die Demokratie!“, beschwor der Politpsychopath Pascotino Saunapf eindringlich die Wähler.

Die ihm ohne Widerrede gehorchten – ***weil*** sie verheerend ***dumm*** waren.

„DEFIGURIEREN SIE SICH!“

„Defigurieren[2] Sie sich, bevor Sie auf die Straße gehen – damit Sie wenigstens ***einigermaßen*** sicher vor Übergriffen sein können!“

So die neuesten Warnhinweise der Tagesmedien – die fatalerweise gar nicht mehr ***los***zukommen scheinen von der permanenten ***Hysterisierung*** jeglicher Sittlichkeitsdelikte …

---

[2] Verunstalten, entstellen

„DEFIGURIEREN SIE SICH NICHT!“

„Defigurieren Sie sich doch nicht, Fräulein. Wie wollen Sie denn ***so*** jemals einen Bewerber finden?“, appellierte im väterlichen Tonfall Baron Lilianus Pfarrbraut an Demoiselle Arlette Sparkraut – die prinzipiell nur in einem alten, zerbeulten Herrenhut umherlief, dessen Krempe sie obendrein tief ins Gesicht zog.

Gerade ***weil*** sie jedoch von Anwärtern jeglicher Art verschont zu bleiben ***wünschte***, hatte sie ihren seltsamen Habitus gewählt.

Erst als sie sich selbst schon nicht mehr darin ansehen konnte, war sie plötzlich ***offen*** für Avancen – musste nun aber ***lange*** warten …

„DEFIGURIEREN SIE MICH!“

„Defigurieren Sie mich – ich möchte ***zu*** gerne als ***Geisterbahnfigur*** auftreten!“

Was nach einem törichten, von den Eltern kaum beachteten ***Kinder***wunsche klingen mag, scheint jedoch für viele ***Erwachsene*** ein durchaus erstrebenswertes Anliegen an sich ***selbst*** – wenn auch natürlich nicht mit exakt gleicher oder ***überhaupt*** irgendeiner Begründung.

Wie sonst wäre es wohl zu erklären, dass sich diese unentwegt ***gegen*** die elementarsten Bedürfnisse ihres Körpers (und Verstandes) stellen und ihn oftmals bis zur ***Unkenntlichkeit*** malträtieren?

„DEFIGURIEREN SIE MICH NICHT!“

„Defigurieren Sie mich nicht, Sie Flegel!“

Drohend schwang Comtesse Flatteuse Riechsalz schon ihre Handtasche, als ihr der Verkäufer im Modesalon „La belle Girafe“ ein äußerst unvorteilhaftes Kostüm anprobierte.

Nachdem er ihr jedoch eröffnet hatte, dass es sich um die ***neueste*** Création von Starcouturier Louis-Patrice Malzapfel handelte, gab sie ihm einen doppelten Freudenkuss und ***kaufte*** es augenblicklich.

Und war für den Rest der Woche stolz und überglücklich.

Printed by Books on Demand GmbH, Norderstedt / Germany